I0831402

Stendhal

Napoleon Bonaparte

Salzwasser

Stendhal

Napoleon Bonaparte

1. Auflage | ISBN: 978-3-84608-051-1

Erscheinungsort: Paderborn, Deutschland

Erscheinungsjahr: 2015

Salzwasser Verlag GmbH, Paderborn.

Epigraph

Doch Geister gibts, begünstiget vom Himmel,
Die durch sich selbst sind, alles sind und nichts
Dem Ahnherrn schuldig, nichts der Welt. So ist
Der Mann, den ich zum Herren mir erwählte.
Er in der Welt allein verdients zu sein;
Und allen Sterblichen, die ihm gehorchen sollen,
Gab ich ein Beispiel, das mich ehren wird.

Goethe, nach Voltaires Mahomet.

An den Verleger

(undatiert; aus dem Nachlasse)

In diesem Manuskript, das ich Ihnen anbiete, herrscht keine Schönrederei. An keiner Stelle mache ich hochtrabende Phrasen. Nirgends versengen die Worte das Papier. Die Ausdrücke: Kadaver, scheußlich, erhaben, Gräuel, abscheulich, Terror usw. kommen nicht darin vor.

Der Autor hat den Hochmut, niemanden nachzuahmen; um aber nötigenfalls einen Vergleich mit dem Stile dieses oder jenes unter den großen Schriftstellern Frankreichs anzuregen, möchte ich sagen: Ich habe zu erzählen versucht nicht wie die Mode-Autoren von heute, sondern wie Michel de Montaigne oder Charles de Brosses.

An den Leser (im April 1837)

Fu vera gloria?
Ai postera l'ardua sentenza.

War echt dein Ruhm?
Die Enkelwelt entscheide dies!
Manzoni, Ode an Napoleon.

Ein Mann hatte Gelegenheit, Napoleon in Saint-Cloud, nach Marengo, in Moskau zu sehen. Jetzt schreibt er Napoleons Leben ohne jeden Anspruch auf schönen Stil. Der Mann verabscheut die Schönrederei als Schwester der Heuchelei, des Modelasters im 19. Jahrhundert.

Nur die kleinen Verdienste mögen die Lüge, die ihnen förderliche. Je bekannter die ganze Wahrheit wird, um so größer wird Napoleon dastehen.

Im Kriegsgeschichtlichen wird der Verfasser fast immer Napoleons eigene Worte nehmen. Derselbe Mann, der die Taten vollbracht, hat sie auch berichtet. Welch Glück für die Wissbegier der kommenden Jahrhunderte! Wer könnte es wagen, nach Bonaparte, die Schlacht bei Arcole zu erzählen?

Ich habe den General Bonaparte zum ersten Mal in meinem Leben zwei Tage nach seinem Übergang über den Sankt Bernhard gesehen, am Fort Bard, am 21. Mai 1800, also [heute 1837] vor 37 Jahren. Vierzehn Tage nach Marengo hatte ich ihm in seiner Loge in der Scala, Mailands großem Theater, einen Bericht zu überbringen. Ich war Augenzeuge beim Einzuge Napoleons 1806 in Berlin, ich war 1812 in Moskau, 1813 in Schlesien. Zu allen diesen Zeiten habe ich den Kaiser aus allernächster Nähe gesehen.

Persönlich gesprochen habe ich dreimal mit ihm. Zum ersten Male richtete der große Mann das Wort an mich bei einer Truppenschau im Kreml. Ich bin von ihm durch ein langes Gespräch geehrt worden in Schlesien während des Feldzugs von 1813. Schließlich gab er mir im Dezember 1813 mit kräftiger Stimme eine bis ins einzelne genaue Instruktion während meiner Tätigkeit im Dauphiné unter dem Senator Grafen Saint-Vallier. Mit gutem Gewissen darf ich über viele Lügen lächeln.

*

Ich schreibe dieses Buch, wie ich es von einem Andern geschrieben hätte vorfinden mögen. Mein Ziel ist, den Übermenschen verständlich zu machen. Ich habe ihn geliebt, als er lebte. Jetzt schätze ich ihn aus all der Verachtung, die mir die Zustände nach ihm einflößen.

*

Als Herrscher hat Napoleon schriftlich oft gelogen. Manchmal durchbrach das Herz des großen Mannes den kaiserlichen Hermelin, aber zumeist bereute er es, die Wahrheit geschrieben und zuweilen mündlich gesagt zu haben. Auf Sankt Helena schließlich arbeitete er für die Thronbesteigung seines Sohnes oder für seine zweite Rückkehr, ähnlich der von Elba. Ich bin bemüht, mich nicht irreführen zu lassen.

*

Die Kunst zu lügen hat neuerdings große Fortschritte gemacht. Man lügt nicht mehr wie zur Zeit unsrer Väter in traditioneller Form, sondern in vager Rederei, bei der man den Lügner später schwer fassen und mit präzisen Worten kaum widerlegen kann.

*

Was hat man nicht Unwahres über Napoleon in die Welt gesetzt? Hat Chateaubriand nicht behauptet, er hieße Nikolaus und wäre ohne persönliche Tapferkeit gewesen?[1]

Woran soll sich der Historiker von 1930 halten?

Der Verfasser dieses Buches, der den Kaiser beim Einzug in Berlin am 27. Oktober 1806 gesehen hat, im Staatsrat, bei Wagram, auf dem Rückzuge von Moskau zu Fuß, einen Stock in der Hand, der ist gewiss mehr zu beachten, zumal wenn er den Mut hat, über alles die Wahrheit zu sagen, auch *gegen* seinen Helden.

*

Wenn man als junger Mensch die Alte Geschichte liest, neigt man zumeist, wenn man überhaupt begeisterungsfähig ist, den Römern zu, und man beklagt ihre Niederlagen trotz ihrer Ungerechtigkeit und trotz ihrer Willkür gegen ihre Verbündeten. Aus ähnlichem Gefühl kann man keinen andern Heerführer lieben, nachdem man Napoleon Bonaparte bei seinen Taten gesehen hat. Immer findet man an Anderen Heuchelei, Unechtes, Übertriebenes, das jede Neigung im Keim tötet. Die Liebe für Napoleon ist die einzige Leidenschaft, die mir verblieben ist, was mich nicht hindert, seine Schwächen zu erkennen, aus denen man ihm, wenn man will, Vorwürfe machen kann.

Der Historiker von 1900 wird viel voraushaben. Manche Dummheit von heute ist dann von der Zeit verweht; aber etwas Hochschätzbares wird

[1] Francois René Vicomte de Chateaubriand (1768 bis 1848). Sein Napoleon-Buch (1814) hat für die Nachwelt keinen Wert.

ihm fehlen: er hat den Heros nicht selber gesehen, ihn nicht drei-, viermal am Tage sprechen gehört. Ich war an seinem Hof im Dienst, ich habe in seiner Umwelt gelebt, ich bin dem Kaiser in allen Feldzügen gefolgt, ich war beteiligt an seiner Verwaltung in den besetzten Ländern, und ich habe mein Leben lang in vertrauter Beziehung zu einem seiner einflussreichsten Minister [dem Grafen Pierre Daru] gestanden.

*

Ich bin der Meinung, Bonapartes Feldzug in Italien von 1796 und 1797 müsse ausführlich dargestellt werden. Er ist sein Anfang. Deutlicher als jeder andre Feldzug lässt er seinen militärischen Genius und seinen ganzen Charakter erkennen. Man erwäge seine kärglichen Mittel, Österreichs prächtigen Widerstand, das Misstrauen in sich selber, das keinen Anfänger verschont, und eine gewisse Größe, unverkennbar an ihm, – und man wird mir zugestehen, dass dies Napoleons schönster Waffengang ist.[2] Überdies durfte man ihn damals noch leidenschaftlich, noch uneingeschränkt lieben. Noch hatte er seinem Vaterlande nicht die Freiheit genommen. Seit Jahrhunderten hatte die Welt keinen so Großen wie ihn.

*

Ich habe Gelegenheit gehabt, den Feldzug in Italien an Ort und Stelle zu erforschen. Das Dragonerregiment, in dem ich in den Jahren 1800 und 1801 gedient habe, hatte seinen Standort in Cherasco, Lodi, Crema, Castiglione, Goito, Padua, Vicenza usw. Mit der Begeisterung eines jungen Offiziers habe ich, wenn auch erst nach dem Feldzuge von 1796, fast alle Kampffelder Napoleons besichtigt. Ich habe sie beschritten mit Soldaten, die unter seinem Befehle gekämpft hatten, und mit jungen Männern, die im Banne seines Ruhmes standen.

*

Ich hege den geradezu triebhaften Glauben, jeder Machthaber müsse lügen, wenn er spricht, und mit mehr Recht, als wenn er schreibt. Und doch hat Napoleon, aus Begeisterung für die große *Idee vom Kriege*, oft die Wahrheit gesagt: nämlich in den wenigen Schlachtberichten, die er uns hinterlassen hat. Für den Feldzug in Italien will ich diese Berichte im

---

[2] Stendhal ist hier gleicher Meinung mit Clausewitz, Jomini und dem Napoleonkenner Grafen Yorck v. Wartenburg.

Urtext anfügen. Wie könnte man sich dieser mit Passion geschriebenen Darstellung berauben?

*

Während der Revolution hat man an den politischen Klubs gesehen, dass jede Partei, die Angst hat, wider Willen von solchen ihrer Mitglieder beherrscht und geleitet wird, die die geringste Erleuchtung und die größte Torheit besitzen. Es ist in allen Parteien so: je mehr Kopf einer hat, um so weniger ist er Parteimann, namentlich, wenn man ihn unter vier Augen fragt. Öffentlich freilich muss er, um seiner Kaste nicht zu entsagen, reden, wie der Führer redet.

*

Napoleon hat das französische Volk sittlich erneuert. Das ist sein schönster Ruhm. Zweierlei hat wesentlich mitgewirkt: das gleiche Erbrecht für alle Kinder eines Vaters und die Ehrenlegion, die man oft am Rocke schlichter Arbeiter sieht.

*

Ich weiß nicht, ob die Nachwelt den großen Mann *Bonaparte* oder *Napoleon* nennen wird. Ich sage zumeist: Napoleon. Der Ruhm, den er sich als Bonaparte erworben, ist vielleicht reiner; aber ich höre ihn Bonaparte nennen im Munde von Leuten, die ihn hassen.

Ich glaube, im Urteile der Nachwelt werden die Autoren des 19. Jahrhunderts bei weitem nicht die Rolle spielen wie in der lateinischen Literatur die Zeitgenossen des Seneka oder des Klaudian. Eine der Ursachen dieser Dekadenz ist sonder Zweifel die ganz unliterarische Voreingenommenheit, die den Leser bewegt, in jedem Buche die politische Überzeugung des Verfassers entdecken zu wollen. Was mich betrifft: ich wünsche mir nichts als reine, schlichte Erhaltung unsrer Kultur. Aber mein politischer Glaube hindert mich nicht, den Glauben Dantons zu verstehen, den Glauben von Siéyès, Mirabeau und Napoleon, den vier wirklichen Gründern des heutigen Frankreichs, großen Männern, ohne die, ohne jeden Einzelnen von ihnen, Frankreich kein Frankreich wäre.

*

Ich empfinde fromme Andacht, indem ich den ersten Satz zur Geschichte Napoleons, niederschreibe, handelt es sich doch um den größten Mann, der seit Cäsar auf Erden erschienen ist.

*

Ich hoffte, es würde einer derer, die Napoleon Bonaparte persönlich gekannt haben, sein Leben erzählen. Zwanzig Jahre habe ich gewartet. Indem ich nun einsehe, dass der große Mann immer weniger erkannt wird, will ich nicht sterben, ohne der Meinung Ausdruck zu geben, die nicht die schlechtesten seiner Waffengefährten über ihn hatten; denn inmitten der allbekannten Oberflächlichkeit lebten auch unbefangene Menschen in den Tuilerien, dem damaligen Mittelpunkte der Welt.

*

Anno 1794 waren uns die übrigen Europäer, die sich mit uns schlugen, um ihre Ketten zu wahren, bedauernswerte Schwachköpfe oder Schelme im Dienste der Despoten. Pitt und Coburg waren uns die Häupter dieser Dummheit oder Verräterei. Damals herrschte bei uns ein inniges Gefühl, dessen Reste ich nicht mehr finde. Möge der Leser, wenn er nicht um 1783 geboren ist, in der Literatur nachforschen. Wir hatten 1794 keinerlei Religion; unser tiefstes und ehrliches Gefühl gipfelte in dem Gedanken, dem Vaterlande zu nützen. Alles übrige, Kleidung, Nahrung, Vorwärtskommen, alles das war in unsern Augen belanglose, augenblickliche Kleinigkeit. Es gab keine Gesellschaft und damit auch keine gesellschaftlichen Erfolge, also gerade das, was im Charakter der französischen Nation so sehr viel bedeutet.

*

Das war unsre einzige Religion. Und als Bonaparte erschien und den andauernden Niederlagen unsres Heeres unter dem schlappen Direktorium ein Ende setzte, da sahen wir in ihm den Nutzen der Diktatur. Er verschaffte uns Siege, aber wir beurteilten seine Taten zunächst nach den Satzungen dieser Religion, die unsre Herzen seit unsrer Kindheit schlagen ließ. Wir hielten sie schätzenswert, weil sie für das Vaterland geschehen waren.

In der Folge haben wir gegen diese unsre Religion manche Treulosigkeit begangen, aber bei allen großen Gelegenheiten gewann sie, ganz wie der

Katholizismus bei seinen Getreuen, immer wieder die Herrschaft über unsre Herzen.

Das änderte sich bei denen, die nach 1790 geboren sind und mit fünfzehn Jahren (1805), wie sie zu sehen begannen, als erstes politisches Schauspiel die Galaröcke der Grafen und Herzöge sahen, die Napoleon soeben ernannt hatte. Wir jedoch, wir, die alten Diener des Vaterlandes, empfanden nichts als Verachtung ob der lächerlichen Begeisterung des neuen Geschlechts.

*

Noch in den Tuilerien gab es Männer, die Napoleon aufrichtig liebten, Männer, die des Kaisers Taten nur beurteilten nach ihrem Nutzen für das Vaterland. So waren Duroc, Lavalette, Lannes und einige Andre; so wären Desaix und Cafarelli-Dufalga ohne Frage gewesen. Und so befremdend es klingen mag, er selber war so, denn er liebte Frankreich mit der Schwäche des Liebenden.

So war auch Napoleons Mutter Lätitia, die einzigartige Frau, die in Frankreich nicht ihresgleichen hat. Sie allein ahnte unerschütterlich, dass es einen Zusammenbruch geben müsse.

*

Inmitten der schlimmen politischen und wirtschaftlichen Lage auf der Insel Korsika musste sich die Erziehung des 1769 am Tage von Maria Himmelfahrt im Schoße einer nicht reichen Familie geborenen Napoleon Bonaparte auf das Notwendigste beschränken. Man macht sich keine genügende Vorstellung von der Sittenstrenge in einer korsischen Familie jener Zeit. Es gab da keinen oberflächlichen Betrieb, kein unnützes Wort, zumeist nur düsteres Schweigen. Der junge Napoleon war ganz und gar nicht von dem französischen Getue umgeben, das allzu früh die Eitelkeit der Franzosen erweckt und sie mit sechs Jahren zu einem netten Spielzeuge der Eltern und mit achtzehn Jahren zu oberflächlichen Leuten macht. Napoleon selber sagt von sich: Ich war ein eigensinniges, wunderliches Kind.

*

Psychologen meinen, der Charakter eines Mannes stamme von seiner Mütter; er bilde sich vom zweiten Lebensjahre an und sei mit vier, fünf

Jahren gefestigt. Das trifft vor allem für die südlichen Menschen mit finsterem, leidenschaftlichem Wesen zu. Diese Geschöpfe haben von Kindheit an eine bestimmte Art, ihr Glück zu suchen, die sich später den sich wandelnden Verhältnissen anpasst, aber immer die nämliche bleibt.

*

Pascal Paoli, dem Charles Bonaparte [Napoleons Vater] einer der treuesten Genossen war, wird mit neunundzwanzig Jahren kommandierender General, ohne Unterlass die Namen und Grundsätze der Helden Plutarchs im Munde führend. Plutarch ist auch der Katechismus Bonapartes.

*

Napoleons Mutter war eine Frau, den Heldinnen im Plutarch vergleichbar, der Porzia, der Kornelia, der Frau Roland. Mehr noch: ihr unerschütterlicher, glühender Charakter erinnert an die Heldenfrauen des italienischen Mittelalters. Ich nenne sie nicht mit Namen, weil in Frankreich niemand sie kennt.

Nur durch den völlig italienischen Charakter der Frau Lätitia erklärt sich der ihres Sohnes. Ich glaube, ähnliche Charaktere wie Napoleon finden sich nur in Italien unter den Kondottieri und kleinen Fürsten um das Jahr 1400, unter den Sforza, Piccinino, Castruccio Castracane.[3] Es sind das wunderliche Menschen, durchaus nicht Staatsmänner im landläufigen Sinne, im Gegenteil, Naturen, die ohne Unterlass neue Pläne schmieden, im Maße, wie sich ihr Glück hebt, immer danach trachtend, sich die Umstände zunutze zu machen, immer aber nur sich selber trauend. Heldische Seelen, geboren in einem Jahrhundert, in dem jedermann zu handeln, nicht zu schreiben strebte, unbekannt der weiteren Welt, *carent quia vate sacro* (weil sie des heiligen Sängers entbehren), sind sie nur von ihrem Zeitgenossen Machiavell einigermaßen geschildert worden.

*

Also inmitten von Leidenschaft und Aktivität, ähnlich dem Trecento, war es meiner Zeit vergönnt, wieder schöpferisch zu sein, indem Napoleon Bonaparte geboren ward. Schreckliche Ereignisse hätten aus ihm einen Durchschnittsmann machen können, aus dem jungen Korsen einen

---

[3] Über alle diese: Jacob Burckhardt, Kultur der Renaissance.

Sklaven Frankreichs, aber es kam anders. Von Kindheit an wird in ihm durch das Ansehen seiner Familie das Gefühl der Überlegenheit gezüchtet. Um seine Erziehung zu fördern, entschließen sich seine Eltern - und das ist das größte Opfer, das ein Korse bringen kann - ein Stück Land zu verkaufen. Bei seinem älteren Bruder Joseph war dies niemandem eingefallen.

Als Charles Bonaparte starb (Napoleons Vater, 1785), da sagte er zu Joseph: Du bist der Älteste der Familie, aber denke daran: Napoleon ist ihr Haupt.

Dazu muss man wissen, dass im Süden, in der Heimat von Hass und Liebe, wo man noch nicht durch halbe Zivilisation verdorben ist, der Gedanke, Familienhaupt zu sein, gewaltige Bedeutung hat, da dies Vorrechte und Pflichten umfasst, von denen man im vernünftigen, kühlen Norden keine blasse Vorstellung hat.

*

Man beginnt in Europa einzusehen, dass die Nationen immer nur den Grad der Freiheit innehaben, den ihr Mut ihrer Angst abringt.

*

Die Revolution begann mit Schöngeisterei in allen Schichten des französischen Volkes.

*

Es wäre für Bonaparte glücklicher gewesen, hätte er keine Brüder und Schwestern gehabt.

*

Bonapartes Charakter, eigensinnig, düster, nie durch Kindereien abgelenkt, erregte früh den Hass aller kleinen Franzosen, seiner Schulkameraden, die seine unerschütterliche Entschlossenheit als Anmaßung, feindlich ihrer Eitelkeit, auffassten. Bonaparte, arm, klein von Gestalt, glaubte um so inniger an seine von den Franzosen unterdrückte Heimat und ward menschenscheu. In einer Art Laubhütte las er in seinen freien Stunden; und als seine Kameraden es einmal wagten, ihn aufzustöbern, verjagte er sie, wie ein Held, wie ein Korse.

*

Als Leutnant der Artillerie in Valence, mit siebzehn, achtzehn Jahren, ist sein Denken gewaltsam, seine Logik wie eine Säge. Er hat maßlos viel gelesen, vieles wohl wieder vergessen. Sein Geist ist lebhaft und zielsicher, sen Wort kräftig. Im Regiment bleibt er nicht unbeachtet. Den Frauen gefällt er durch neue, hochfahrende Einfälle, durch kühne Gedankengänge.[4] Die Männer fürchten seine scharfen Erörterungen, zu denen ihn die Erkenntnis seiner Kraft zuweilen verleitet.

Während seiner Dienstzeit in Valence erhielt Bonaparte einen Preis der Akademie zu Lyon für eine Denkschrift, deren Thema der damals berühmte Abbé Raynal gestellt hatte: *Grundsätze und Einrichtungen, die nötig wären, um die Menschheit so glücklich wie möglich zu machen.* Vor seihen Kameraden wahrte der Verfasser das Anonym. Der Essay ist übrigens in jeder Hinsicht, im Stil wie im Geist, ein Dokument jener Tage: edelmütig und romantisch, vermischt mit lückenhafter und parteiischer Kritik der herrschenden Zustände. Der Autor beginnt mit der Frage: Worin besteht das Glück? Darin – so antwortet er –, das Leben voll zu genießen, das heißt: sich des Daseins in einer Weise zu erfreuen, die unsrer seelischen und körperlichen Veranlagung wirklich entspricht. Als Napoleon Kaiser geworden war, warf er sein Exemplar, das er für das einzige hielt, ins Feuer.[5]

Ausgenommen Mathematik, Kriegswissenschaft, Artilleriekunst und die Kenntnis Plutarchs besaß Bonaparte keine sonderlichen Kenntnisse. Insbesondre kannte er die hohen Wahrheiten nicht, die der Menschheit in den letzten hundert Jahren aufgegangen waren, gerade über die Lebenskunst, die ihn zur Zeit beschäftigte. Seine Überlegenheit gipfelte in der Fähigkeit, wunderbar rasch neue Ideen zu finden, sie einwandfrei zu beurteilen und mit einer Willenskraft ohnegleichen zu verwirklichen.

*

In der Wissenschaft vom Herrschen, also in einer Sache, die in der Folge unumgänglich für ihn war, besaß Napoleon, dieser große Mann, meiner

---

[4] In Valence ist Bonapartes Dialog über die Liebe geschrieben. Er verneint in dieser Leidenschaft die Glücksmöglichkeit für den höheren Mann.

[5] Napoleons Bruder Louis besaß aber eine Abschrift des Originals. Es kommt darin der Satz vor: Die großen Männer sind wie Meteore; sie leuchten über der Erde und verzehren sich selber.

Ansicht nach keine Bildung. Er verstand es, sich als Feldherr Gehorsam zu verschaffen, nicht aber als König richtig zu befehlen, und ich schreibe diese seine Unvollkommenheit seinem Mangel an universeller Bildung als junger Mann zu.

*

Ein Beispiel. Er hatte in sich kein rechtes Bild von Karl dem Großen, einem der großen Männer, den nichts (von seinem Werk) überlebt hat. Daran hätte Napoleon lernen können.

*

Von solcher Unwissenheit bemerkte man in der gewöhnlichen Unterhaltung mit ihm nichts. Er leitete sie stets, und mit seiner italienischen Gewandtheit tat er nie eine Frage, äußerte er nie eine unüberlegte Vermutung, die den Grad seiner Bildung hätte verraten können.

*

Er war kein gründlicher Kenner der Weltgeschichte; aus dem letzten Jahrhundert kannte er nur Richelieu und Ludwig XIV. Er kannte eigentlich nur die Tatsachen, deren Gang er selber miterlebt hatte; und auch diese sah er im Lichte seiner Furcht vor den Jakobinern und seiner schwächlichen Vorliebe für den Vorort Saint-Germain.

*

Der viel gerühmten gelehrten Erziehung Napoleons steht gegenüber, dass er in Rechtschreibung, Mathematik und Geschichte nicht beschlagen war. Im Jahre 1785 war die Monarchie bereits verfallen, kraftlos und matt, in allem, auch im Schulwesen. In gewissem Sinne darf man sagen: die Ausweisung der Jesuiten (1773) war schädlich. In Zeiten der Schwäche eines Staates ist jedwede Veränderung vom Übel.

*

An einem Juliabende des Jahres 1793, auf der Rückreise von einem Urlaub nach Korsika, übernachtete Bonaparte, seit anderthalb Jahren Hauptmann und in Auxonne in Garnison, in einem Gasthofe zu Beaucaire. Beim Abendessen geriet er mit einigen Kaufleuten aus Marseille, Montpellier und Nimes in ein Gespräch über die politische Lage Frankreichs. Jeder der fünf Tischgenossen hatte seine besondre Meinung.

Auf der Rückfahrt, zwischen Beaucaire und Avignon, am 29. Juli, schrieb Bonaparte eine Flugschrift, betitelt: *Das Nachtmahl von Beaucaire.* Der Herausgeber und Drucker des *Kuriers von Avignon* druckte ihm die Flugschrift. Sie erregte weiter kein Aufsehen; aber als Bonaparte Generaloberst geworden war, hob der Verleger sein vom Verfasser signiertes Exemplar sorglich auf. Später ist ein Neudruck erschienen.[6] Die Schrift ist voller Italianismen, aber von Napoleonischem Geiste.

Pascal Paoli, der den Hauptmann Bonaparte 1793 auf Korsika sah, sagte von ihm: Der junge Mann ist nach antikem Muster geschnitten; er ist ein Mann Plutarchs.

*

In schweren Zeiten muss eine aufstrebende Nation auch für die kleinen Stellen im Staatswesen Genies haben, die man in glücklichen Epochen mit Advokaten und Unterbeamten besetzen kann. Hätte Ludwig XVI. weiterregiert, so wären Danton und Moreau Rechtsanwälte gewesen, Pichegru, Masséna, Augereau Steuerkontrolleure, Desaix und Kleber Kompagniechefs, Bonaparte und Carnot Artilleriehauptleute (d. h. wenn sie es über den Oberleutnant gebracht hätten), Lannes und Murat Huthändler oder Postmeister, Siéyès Großvikar und Mirabeau subalterner Diplomat.

*

Nach der Belagerung von Toulon, am 6. Februar 1794, wird Bonaparte zum Generalmajor befördert und als Artilleriekommandeur der [unter Kellermann stehenden] Armee in Italien zugeteilt. Der Name *General Bonaparte* war alsbald in aller Munde. Niemand dachte daran, den kleinen, blassen, schmächtigen Mann lächerlich zu finden. Seine ernste, immer auf den Respekt eingestellte Haltung erwarb ihm die Hochachtung des Heeres. Seit dem Unternehmen von Saorgio sahen die Soldaten in ihm den Sondermenschen und kannten sein vom Ruhm entflammtes Herz, das nach Siegen für die Republik dürstete.

Im Gegensatze zu den Deutschen kennen die Engländer den Wert der Zeit.

*

---

[6] In: Oeuvres de Napoléon Bonaparte; vier Bände. Paris 1821, bei Pankouke.

Seine düstere Heiterkeit beweist nichts gegen seinen Charakter. Bonaparte glaubte an Vorahnungen.

*

In Italien (1794) zog der General Bonaparte seinen Adjutanten, den Hauptmann der Artillerie Duroc, an sich.[7] Die Gascognaden, die ihm von anderen Offizieren als Gefechtsberichte eingereicht wurden, ekelten Bonaparte an; er wollte die tatsächlichen Vorfälle rapportiert haben. Durocs kühle, unmitteilsame Art sprach ihn an; militärische Berichte verlangte er mathematisch exakt. Duroc ist Napoleons Allervertrautester geworden. Es steht einzig da in der Tragikomödie, in die Napoleon sein Leben einspann, dass er, Kaiser geworden, es für seine Pflicht hielt, Duroc aufzufordern, ihn weiterhin im engen Kreise zu duzen.

*

Früher oder später, der Kriegsruhm lehrt uns, die großen Dinge besonders zu schätzen, die mit kleinen Mitteln erreicht worden sind.

*

Nach dem 9. Thermidor (27. Juli 1794) abgesetzt, lebt Bonaparte eine Zeit lang in Paris.

Eine geistvolle Frau, die ihn im April und Mai 1795 oft sah, hat mir den General Bonaparte wie folgt geschildert:

Einem so dürftigen und eigenartigen Menschen bin ich nie wieder begegnet. Nach der damaligen Mode trug er das Haupthaar an beiden Seiten übertrieben lang, sodass es ihm bis über die Schultern reichte. Man nannte diese Haartracht *Hundsohren*. Mit diesem überlangen Haar vertrugen sich seine seltsamen, zuweilen düsteren Augen nicht so recht. Man kam, statt den Eindruck eines Mannes voll Geist und Feuer zu haben, leicht auf den Gedanken, es sei ratsam, diesem Menschen bei Nacht nicht zu begegnen. Sein Anzug war wirklich nicht derart, dass man sich sicher fühlte. Bonapartes Rock war so abgetragen, sah so schäbig aus, dass ich zuerst kaum glaubte, der Mann sei General. Eines aber glaubte ich auf den ersten Blick, dass er ein bedeutender, mindestens ein beson-

---

[7] Michel Duroc (1772–1813), später Marschall und Herzog v. Friaul, gefallen bei Markersdorf (nach der Schlacht bei Bautzen); Beyle lernt ihn erst 1811 in Paris persönlich kennen.

derer Mensch sein musste. Ich besinne mich, dass ich die Empfindung hatte, im Blick ähnle er J. J. Rousseau, der mir nach dem vorzüglichen Bildnisse von Latour bekannt war.

Als ich diesen Offizier mit dem seltsamen Namen das dritte- oder vierte Mal sah, verzieh ich ihm seine Hundsohren; ich sah in ihm einen Provinzler, der die Mode übertreibt, aber trotz dieser Lächerlichkeit seine Verdienste haben mochte. Übrigens hatte er wunderbare Augen, die Leben bekamen, wenn er sprach. Wäre er nicht so mager gewesen, dass er krank aussah und Besorgnis erweckte, so hätte sein feines Gesicht mehr gewirkt. Zumal sein Mund hatte eine graziöse Linie. Ein Maler aus Davids Schule, der im Hause des Herrn N*** verkehrte, wo ich den General kennen gelernt hatte, erklärte mir, Bonaparte habe ein klassisches Gesicht.

Einige Monate später, nach dem Vendémiaire- Aufstand [am 5. Oktober 1795], erfuhren wir, dass der General der Frau Tallien, der damaligen Königin der Mode, vorgestellt worden war und tiefen Eindruck auf sie gemacht hatte. Es überraschte uns nicht. Tatsächlich fehlte ihm zu einem günstigen Eindrucke weiter nichts als ein weniger erbärmlicher Anzug. Dabei stellte man in den Tagen gegen das Ende der Schreckenszeit wahrhaftig keine hohen Ansprüche an das Äußere.

Ich entsinne mich auch, dass der General anschaulichst von der Belagerung von Toulon sprach und dass uns seine Unterhaltung überhaupt stark fesselte. Er sprach viel und redete sich beim Erzählen in den Enthusiasmus; aber es gab Tage, an denen er seinem dumpfen Schweigen unentreißbar blieb.

Er galt für arm, dabei aber für stolz wie ein Grande. Er weigerte sich, als Infanteriegeneral in die Vendée zu gehen. *Die Artillerie ist meine Waffe*, sagte er immer wieder, was uns lächerlich dünkte. Wir jungen Mädchen begriffen nicht, dass Kanonen mehr sein sollten als Säbel.

Damals gab es Maximalpreise; keine Ware durfte um höheres Geld als vorgeschrieben verkauft werden. Man bezahlte Brot und alle Lebensmittel mit Papierscheinen. Deshalb brachten die Bauern nichts zu Markt. Lud man jemanden zum Essen ein, so brachte er sein Brot mit. Man musste mit Silbergeld zahlen. Somit war Bonaparte, der seinen Sold nur in Assignaten bekam, ein armer Kerl. Aber er sah durchaus nicht aus wie ein Haudegen oder Kommisssoldat. Schon aus seinem feinen, entschlossenen Munde konnte man lesen, dass er die Gefahr verachtete und dass sie ihn nicht aus der Fassung zu bringen vermochte.

*

Dantons Tod [am 5.April 1794], Robespierres Sturz [am 27. Juli] und das Ende der Schreckensherrschaft sind Tage von Bedeutung. Bis dahin war das republikanische Empfinden in allen Herzen immer gewachsen; nach dem 9. Thermidor begann es sich zu verflüchtigen. Die Republik war mit Dantons Abgang zu Tode getroffen. Der Todeskampf dauerte bis zum 18. Brumaire [9. November 1799].

*

Man gründete die Zentralschulen und die Artillerieschule. Das war die Glanzzeit des öffentlichen Unterrichts. Bald aber machte diese Anstalt der Regierung Angst, und unter Vorwänden suchte man seitdem, sie zu verderben. Heute lehrt man die Knaben, dass *equus* Pferd heißt, hütet sich jedoch, ihnen beizubringen, was ein Pferd ist. Die Kinder könnten fragen, was eine Behörde sei, mehr noch, was eine Behörde zu leisten habe. Die Schulen haben die Aufgabe, Schwachköpfe und einseitig Unterrichtete hervorzubringen. Politische Geschichte, Sittenlehre und Logik sind verpönt.

*

Am 13. Vendémiaire des Jahres IV [am 4. Oktober 1795] marschieren die Sektionisten gegen den Konvent. Eine ihrer Kolonnen, die aus der Rue Saint-Honoré kommt, beginnt den Angriff. Man antwortet mit Kartätschenfeuer. Die Sektionisten retten sich und wollen sich auf den Stufen der Kirche von Saint-Roch sammeln. Es ist ein einziges Geschütz in der damals engen Rue de Dauphin zu passieren. Dieses Geschütz feuert, und die Nationalgarde nimmt unter Zurücklassung etlicher Toten Reißaus. Das Ganze dauert eine halbe Stunde.

Dies Ereignis, an sich geringfügig, hat große Folgen. Es hindert die Revolution am Rückschritte. Napoleon wird Generalleutnant und bald darauf (am 26. Oktober 1795) Generaloberst der Armee im Inneren.

*

Die schwächere Partei, die den Sieg einheimst, hat das Glück, Bonaparte und seine Siege zu haben. Das ist ein Aufschub von drei Jahren. Am Ende fürchtet die Partei den General und schickt ihn (1798) nach Ägypten. Im Jahre darauf ist Frankreich in größter Gefahr. Zufälle entscheiden.

*

Am 23. Februar 1796 wird Bonaparte zum Generalobersten der Armee in Italien ernannt. Am 27. März kommt er in Nizza an. Er weiß sich trotz seiner Jugend und seines geringen Dienstalters sofort Gehorsam zu verschaffen. Es gelingt ihm mehr durch sein Genie als durch wohlgefälligen Eindruck. Er ist streng und wenig mitteilsam, besonders gegen die Generale. Das Elend ist groß und die Hoffnung in den Herzen der Soldaten erstorben. Er erweckt sie wieder, und bald ist er bei ihnen beliebt.

Seine Jugend veranlasst einen einzigartigen Gebrauch im Heere. Nach jedem Gefecht beraten die tapfersten Soldaten und verleihen ihm einen neuen Rang. Wenn er ins Lager zurückgeritten kommt, begrüßt man ihn mit dem neuen Titel. Bei Lodi wird er Korporal, Seitdem heißt er im Soldatenmunde: *Der kleine Korporal.*

Seit dem Verluste Moreas, das um 1500 den Türken überlassen ward, hatte der Adel Venedigs Tatkraft nicht mehr nötig und war in Verweichlichung versunken. Die Stadt war der Haupttummelplatz der Wollust von Europa geworden. Man vergnügte sich, in Venedig auf geistreiche Art zu einer Zeit, da Paris noch der reichlich raue Treffpunkt von Krämern und Landsknechten war, die einander bestahlen. Bis zum Ende der Regierung Ludwigs XIV. (1715) war es die Stadt in Europa, in der es sich am angenehmsten leben ließ. Bürger, die es sich nicht gerade zur Aufgabe machten, die Regierung zu beschimpfen, waren dort bei weitem freier, als man es in Paris im Jahre 1715 und sogar noch 1740 war. Man kannte in Venedig keine Bulle *Unigenitus* oder Ähnliches, und die Pfaffen vermochten niemanden zu verfolgen. Die Republik hatte den Mut gehabt, dem Hofe von Rom das Genie eines Mannes entgegenzusetzen, des Fra Paolo Sarpi, der in Paris eingekerkert worden wäre. Tausend Beweise dafür bieten *Die Geschichte Venedigs* vom Grafen Pierre Daru, die Denkwürdigkeiten von Goldoni, Casanova und Pietro Gozzi. Ein herrliches, im Geiste Plutarchs geschriebenes Werk ist *Das Leben des Fra Paoli Sarpi*, verfasst von seinem Nachfolger. An der Hand der klaren Schilderung des Pietro Gozzi kann man die Lebensart der Venezianer um 1760, wie sie täglich von neuem auf die Jagd nach dem irdischen Glück gingen, mit dem Leben der Pariser zur Zeit der Memoiren der Frau von Epinay vorzüglich vergleichen.

Man kann sagen, dass seit dem Einzuge der Franzosen in Mailand am 15. Mai 1796 bis zur Schlacht bei Arcole [am 15. bis zum 17. November desselben Jahres] keine Armee je so fröhlich gewesen ist wie Bonapartes Armee in Italien. Allerdings, die Unterordnung war gering; die republikanische Gleichheit beeinträchtigte die Ehrerbietung vor dem höheren Vorgesetzten. Die Offiziere waren nur im Feuer aufs Wort gehorsam; sonst sorgten sie sich um nichts, und gleich den Gemeinen gingen sie nur ihrem Vergnügen nach. Der Generaloberst war wohl der einzige im Heere, der für Freuden unempfindlich schien, und doch war seine Leidenschaft für Madame Grassini, die damals berühmteste und bezauberndste Schauspielerin der Lombardei, allbekannt.[8]

*

Man wird in künftigen Zeiten kaum mehr um den Besitz und Nichtbesitz einer Provinz, eine für das Glück einer Nation unwesentliche Sache, Krieg führen; wohl aber wird es immer Bürgerkämpfe geben. Und schließlich sind zu einer Zeit der allgemeinen Heuchelei die soldatischen Tugenden die einzigen, die nur, wenn sie echt sind, Erfolg haben.

Die Kriegskunst - wenn man ehrlich ist und nicht große Worte machen will - ist höchst einfach zu definieren. Sie besteht für den Heerführer darin, so zu verfahren, dass sich auf dem Schlachtfelde jedem feindlichen Soldaten stets zwei der eigenen entgegenstehen. Dieser Satz sagt alles; das ist die erste Vorschrift. Aber oft hat man nur zwei Minuten Zeit, sie zu verwirklichen. Das ist eine Schwierigkeit, zu deren Überwindung weder vorherige Überlegungen noch schön verfasste Berichte über die strategische Lage viel beitragen. Es gilt lediglich: in zwei Minuten den richtigen Entschluss zu fassen, oft im Lärm und Trubel des Gefechts. Dem Marschall Ney strömten gerade dann die klügsten und klarsten Einfalle in Fülle zu. Sonst sprach er wenig und schlecht; ja er machte manchmal den Eindruck des Befangenen.

---

[8] Giuseppina Grassini, geboren 1773 in Varese, Sängerin an der Scala, ist erst nach Marengo Bonapartes Freundin geworden, im Frühling 1800. Sie wurde mit Freuden die Geliebte des größten Mannes ihrer Zeit, der zwar seit 1795 mit Josephine verheiratet war, ihr aber längst nicht mehr allein gehörte. Am 14. Juli 1800 sang sie unter dem Decknamen Madame Billington im Invalidenidome zu Paris eine Hymne auf Italiens Befreiung (Dichtung von Fontane, von Méhul komponiert). Bis 1815 blieb sie an der Pariser Oper. Sie ist 1850 in Mailand gestorben.

Begeisterung taugt für den, der sein Leben nicht zu schonen braucht. Begeisterung hat der Führer einer Sturmkompagnie nötig, die durch dick und dünn vorgehen soll. Für den Oberfeldherrn ist der Krieg eine Partie Schach.

Daher das tiefe Schweigen rings um Napoleon. Während einer großen Schlacht konnte man, neben dem mehr oder minder nahen Kanonendonner, eine Wespe summen hören. Es traute sich keiner zu husten.

So stark aber den Heerführer seine Schachpartie geistig in Anspruch nimmt, er muss sogar in der Schlacht Schauspieler sein, denn hier wie sonst muss er mit den Geistern derer rechnen, deren Energiebarometer er ist.

*

Die herrliche Affenkomödie, die der große Suwarow zu inszenieren pflegte, ist bekannt. Catinat, der einzige vernünftige General Ludwigs XIV., trug im Feuer das Gesicht eines kalten Philosophen zur Schau, etwas Unfranzösisches. Den Soldaten dieser Nation muss man durch Greifbares, leicht Erfassliches beikommen. Man muss ein großartiger Schauspieler sein wie Murat (der übrigens auf dem Gemälde *Die Schlacht bei Eylau* von Gros vorzüglich getroffen ist) oder ein einzigartiger Mann, der seinesgleichen nicht hat, der inmitten von goldstrotzenden Generalen im grauen Rock ohne Abzeichen dasteht. So ein grauer Rock ist ebenso Theaterrequisit wie Murats Riesenfederbusch oder wie das hochmütige Dandytum eines Gardehusarenleutnants. In der *Armee in Italien* verehrte man sogar das kränkliche Aussehen des Generalobersten.

*

Im allgemeinen hat der Mensch gegen sein zweiundzwanzigstes Lebensjahr am meisten die Fähigkeit, sich binnen zweier Minuten über die wichtigsten Dinge zu entscheiden. Die Erfahrung des Lebens vermindert diese Fähigkeit; und so dünkt mich, Napoleon war an der Moskwa (1812) und vierzehn Tage vor Dresden (1813) ein weniger großer Heerführer als bei Arcole oder Rivoli (1796 und 1797).

*

Für einen Divisionsführer gipfelt die Kriegskunst darin, dem Feinde Abbruch zu tun, soviel er vermag, dabei selber möglichst wenig Einbuße zu erleiden. Die Fähigkeit des Divisionsführers wächst mit seiner Erfahrung, und wenn sein Körper nicht durch Strapazen zusammengebrochen ist, stehen seine Fähigkeiten als Divisionär etwa im fünfzigsten Lebensjahre auf ihrer Höhe. Man wird begreifen, dass es Torheit ist, verbrauchte Divisionskommandeure zu Armeeführern zu machen. Diesen Kardinalfehler hat Preußen vor Jena begangen. Kalckreuth, Möllendorf, der Herzog von Braunschweig, sie alle waren nichts weiter als alte Divisionäre. Um das Unglück vollzumachen, waren mehrere dieser Generale im Hofdienst ergraut, das heißt, sie hatten dreißig Jahre lang Tag um Tag gefürchtet, wegen einer Bagatelle den Hals zu brechen.

Der erwähnte Grundsatz, den größten Schaden anzurichten und den geringsten zu erleiden, bleibt der gleiche für alle Rangstufen, vom Divisionär bis hinab zum selbstständigen Führer von fünfundzwanzig Mann.

Wir sind heute in der Lage, Napoleons bewundernswerte Betrachtungen über die Feldzüge von Hannibal, Cäsar, Turenne, Friedrich dem Großen zu studieren. Napoleon war seiner Ansichten sicher; er durfte klar sein. Und gerade seine klaren Betrachtungen zeigen, wie lächerlich zumeist alles Geschwätz Andrer über die Kriegskunst ist.

*

Gegen das Ende seiner Laufbahn gefiel es Napoleon, Charakterbilder seiner Generale in der *Armee in Italien* zu zeichnen. Diese Bildnisse seien hier wiedergegeben, um einige Züge erweitert.

Es handelt sich um Berthier, Masséna, Augereau, Sérurier und Joubert. Drei Generale, an Begabung mit Masséna auf gleicher Stufe, waren noch nicht Divisionäre: Lannes, Duphot und Murat. Davoust, über den man damals spottete, weil er Eigenschaften hatte, die dem Franzosen gewöhnlich fehlen, nämlich Kaltblütigkeit, Klugheit und Hartnäckigkeit, und Lasalle dienten noch in niedrigeren Graden. Hilmaine war einer der ersten Divisionsführer, aber immer krank.[9]

[9] Louis Alexandre Berthier (1755-1815), später Fürst v. Neuchâtel und Wagram, Marschall des Kaiserreichs, von 1800 bis 1807 Kriegsminister. - André Masséna (1756-1817), später Fürst v. Eßlingen, Marschall. - Ch. P. François Augereau (1757-1816), später Herzog v. Castiglione, Marschall. - Graf Jean M. Philibert Sérurier (1742-1819), später Marschall. - Jean Lannes (1769-1809), später Herzog v. Montebello, Manschall, zu Tod verwundet bei Eßlingen. - General Duphot (1770-1797). - Joachim Murat (1767-1815), später Fürst, dann Großherzog von Kleve und Berg, Marschall. - An-

Alle diese Generale waren in gleichem Maße tapfer, doch die Bravour jedes Einzelnen hatte die Farbe seines Charakters. Im Laufe der Operationen ward manchem Unterführer das Kommando wegen Schlappheit entzogen, ohne dass dann ein andrer an gleicher Stelle schneidiger war. Was hätte Bonaparte damals vollbracht, wenn er als Unterführer die Generale Gouvion Saint-Cyr, Desaix, Kleber und Ney gehabt hätte und als Generalstabschef an Berthiers Stelle den General Soult.

Berthier war 1796 einundvierzig Jahre alt. Er war in Versailles geboren und der Sohn des Hofkartografen Ludwigs XV. und Ludwigs XVI. Als Leutnant machte er den Freiheitskrieg der Nordamerikaner gegen die Engländer mit, kam 1780 zurück und wurde 1788 Major. Während der Revolution beförderte ihn Ludwig XVI. zum Obersten. Berthier befehligte die Nationalgarde von Versailles, wobei er sich als eifriger Gegner der Jakobiner bewährte. Dann war er Generalstabschef in der Vendée, wo er verwundet ward. Nach dem 9. Thermidor [1794] ernennt man ihn zum Stabschef des Generals Kellermann im Alpenheere, später in der Armee in Italien. Es ist Berthiers Verdienst, dass man in die Borghetto-Stellung ging und damit den Feind festhielt. Es ist dies wohl der einzige gute strategische Einfall, den er je gehabt. Als Bonaparte den Oberbefehl in Italien übernahm, erbat sich Berthier die Stelle des Generalstabschefs, die er seitdem dauernd behielt.

Im Jahre 1796 bewies er viel Tatenlust. Später verlor sie sich. Er begleitete seinen General auf allen Erkundigungsritten und Fahrten und auch sonst immer, ohne dass dies seine Kanzleiarbeit geschmälert hätte. Wenn er den ganzen Tag im Wagen Bonapartes verbracht hatte, mit ihm alle nur möglichen Truppenbewegungen erörternd, ohne sich dabei zu erkühnen, eigene Ratschläge zu machen, außer wenn er dazu besonders aufgefordert wurde, hatte er nach Ankunft im Lager alles im Kopfe, was unterwegs beschlossen worden war, und verfasste danach die nötigen Befehle. Er verstand es, die verzweigtesten Bewegungen einer Armee ungemein klar darzulegen. Er las die Natur jedes Geländes vorzüglich aus der Karte. Die Ergebnisse einer Erkundung fasste er rasch, knapp und klar in Worte, wozu er die nötigen Krokis anschaulich zeichnete. Sein verdeckter, begeisterungsloser Charakter im Verein mit vollendeter Urbanität und untergeordneter Begabung sicherte ihm die Gunst seines Herrn. Es gab eine Zeit, in der, aus Missgunst geboren, die Sage ging,

---

toine Ch. L. Graf Lasalle (1775-1809), Reitergeneral, gefallen bei Wagram. In Stendhals. Von der Liebe ist er als Don Juan verewigt (S. 114 und 181). – Nicolas Davoust (1770-1823), später Fürst v. Eckmühl, Marschall.

Berthier sei der Mentor Bonapartes und der wahre Autor seiner Feldzugspläne. Vor solchem Gerücht hatte Berthier eine Heidenangst und tat alles, sie zu unterdrücken, denn Bonaparte war hierin empfindlich. Alles in allem war Berthier ein Mann des *Ancien Régime*, angenehm und höflich unter gewöhnlichen Umständen, verloschen aber vor allem Großen. Ich werde oft Anlass haben, Schlechtes von ihm zu sagen.

Der Marschall André Masséna, Herzog von Rivoli, Fürst von Eßlingen, war ein echter Naturmensch. Er kannte nicht einmal die Rechtschreibung, aber er besaß eine feste Seele und war vor Mutverlust gefeit. Im Missgeschick verdoppelte sich die Tatenlust seiner energischen Seele. Ganz armer Leute Kind, hatte er das Malheur, gern zu stehlen. In Rom musste man ihn vom Heere entfernen; doch war er ob seiner Tapferkeit und seines überlegenen Geistes trotz jener seiner Schwäche, die seine Soldaten schädigte, bei ihnen weiterhin beliebt. Immer hatte er eine Geliebte. Das war grundsätzlich die hübscheste Frau des Landes, wo er den Oberbefehl hatte, und immer schickte er den Adjutanten, der seiner Geliebten gefiel, in den Tod. In behaglicher Stimmung war er charmant; nur musste man seine ungelenken Phrasen überhören. Seine Büste im Friedhofe Père Lachaise zu Paris ist ihm ähnlich. Übrigens stammte er aus Nizza und war mehr Italiener als Franzose. Mit siebenunddreißig Jahren war er Divisionskommandeur. Seine Kühnheit, seine Frauenliebhaberei, seine vollkommene Dünkellosigkeit, seine derbe Art im Umgange mit Untergebenen, alles das sicherte ihm die Volkstümlichkeit. Er hatte große Ähnlichkeit mit Heinrich IV., so wie ihn die Geschichte hinstellt. Er war stark gebaut, unermüdlich, Tag und Nacht im Sattel, in jedem Gelände, auch im Hochgebirge. Krieg im Bergland liebte er besonders. Im Jahre 1799 rettete er die Republik, die allerorts geschlagene, durch die Schlacht bei Zürich. Ohne Masséna wäre der schreckliche Suwarow in die Freigrafschaft eingedrungen, in einem Augenblicke, da die Franzosen des Direktoriums müde waren und wohl auch der Freiheit. Napoleon sagt von Masséna, er sei tapfer, entschlossen, unverzagt, voller Ehrgeiz und Eigenliebe, vor allem hartnäckig. Auf Disziplin hielt er wenig, um Verwaltungsdinge kümmerte er sich nicht, Angriffsbefehle skizzierte er kaum; in der Unterhaltung war er absichtlich trocken und langweilig, wenn er Misstrauen hegte. Beim ersten Kanonenschuss aber, in der Gefahr und im Feuer, war er sofort ein klarer, kraftvoller Denker. In der Armee munkelte man, und dies Gefühl habe ich immer gehabt: Napoleon war mitunter eifersüchtig auf ihn.

Augereau, geboren in der Vorstadt Saint-Morceau (in Paris), war beim Ausbruch der Revolution Sergeant, abbefehligt als Exerziermeister nach Neapel. Der dortige französische Gesandte, Graf Périgord, ließ ihn zu sich rufen, gab ihm zehn Louisdor und sagte: Kehren Sie nach Frankreich zurück! Sie werden dort Ihr Glück machen. 1793 war er Husarenrittmeister, vier Jahre später Divisionär. Er besaß keinen greifenden Geist, geringe Erziehung, keine Bildung; aber er hielt auf Ordnung und Zucht unter seinen Soldaten, und sie liebten ihn darum.

Seine Angriffe geschahen regelrecht und wohlgeordnet. Er stellte seine Kolonnen gut auf, hatte die Reserven am besten Ort und schlug sich tapfer. Ob bei Tage Sieger oder Besiegter, am Abend war er immer Pessimist, sei es, dass dies in seiner Natur lag, sei es aus Mangel an Vorberechnung und Überblick.

Sérurier, in Laon (Departement Aisne) geboren, war zu Beginn des Umsturzes Major der Infanterie. Er sah immerdar aus wie ein strenger, steifer Infanteriestabsoffizier. Er hielt streng auf gute Disziplin und galt als Aristokrat, was ihn in den ersten Jahren der Revolutionskriege oft in Gefahr brachte. Als General zeigte er keine Initiative und hatte, auch keine Erfolge. Napoleon sagt von ihm, er habe das Treffen bei Montovi (am 22. April 1796) gewonnen und Mantua genommen. Er hatte die Ehre, den österreichischen Marschall Wurmser vor sich abmarschieren zu sehen. Er war persönlich tapfer und unerschrocken, besaß aber nicht den Schwung eines Masséna und Augereau, die er dafür durch seine Charakterreinheit, seine politische Einsicht und seine sicheren Umgangsformen übertraf. Mit den jungen Patrioten, die er in Italien führte, hatte sein Wesen wenig Verwandtschaft.

*

Nach seinen Siegen in Italien, war es in Mailand, wo Bonaparte den Krieg mit den Gaunern begann, wie er es nannte. Er machte sich daran, die Verträge und Abschlüsse der Armee mit den Unternehmern und Lieferanten nachzuprüfen. Zu Beginn des Feldzugs in Italien hatte das Direktorium nicht den geringsten Kredit mehr. Im Januar 1796 war die Republik so glücklich, kühne Spekulanten zu finden, die alles zu versorgen sich bereit erklärten. Die große Unsicherheit der Bezahlung sollte durch hohen Gewinn im Falle des Erfolges ausgeglichen werden. Derlei konnte Bonaparte in seinem triebhaften Hasse gegen die Unternehmer niemals begreifen. Mit ihm hasste die ganze Armee jene Leute. Sie wurden verlacht und verhöhnt; sie hatten nicht einmal das Recht des Duells, waren also für ehrlos erklärt. Napoleons Hass, den er noch 1812 in Russland hatte, gründete sich auf die Feigheit der Krämer im feindlichen Feuer. In seiner leidenschaftlichen Liebe zu Frankreich war er tief empört, dass man solche Feiglinge überhaupt mithatte.

Nach den Siegen war der Kredit der Republik wiederhergestellt. Jetzt war die Armee, Offiziere wie Soldaten, entrüstet über die ungeheuren Summen, die an die Lieferanten zu zahlen waren. An die Unsicherheit beim Vertragsabschlusse dachte keiner mehr. Bonaparte ging hierin allen voran. Man kann sagen, das war eines seiner Vorurteile ebenso wie sein Hass gegen Voltaire, seine Angst vor den Jakobinern und seine Liebäugelei mit der Vorstadt Saint-Germain. In seinen Briefen an das Direktorium wirft er den Lieferanten vor, an Tagen der Gefahr hätten sie sich vom Heere gedrückt. Als ob Leute, die ihr Geld riskierten und den rohen Späßen aller Frontleute ausgesetzt waren, auch noch nach soldatischem Ruhm hätten streben sollen. Er verlangte vom Direktorium, es solle die Lieferungen fortan an Männer von erprobter Energie und Ehrlichkeit vergeben, wobei er zu bedenken vergaß, dass sich solche Männer nicht in ein solches Wespennest setzen. Nur Überlegungen von größerer Tragweite nötigten ihn am Ende dazu, die Schurken wirtschaften zu lassen; Barras in Paris war nämlich ihr Schutzherr.

*

Zu Beginn des Jahres 1797 bebte das Direktorium aus Angst ebenso vor den Royalisten wie vor den Terroristen. Es klammerte sich an das *Juste-Milieu*, d. h. an eine Regierungsart, die es unternimmt, eine Nation durch den mittelmäßigen, leidenschaftslosen Teil zu leiten, oder vielmehr mit Hilfe der niedrigen Leidenschaften und der Geldgier, die dieser Mittelsorte eigen ist. Das *Juste-Milieu* des Direktoriums hielt sich die fähigen Köpfe und die hochsinnigen Seelen sowohl der königstreuen wie der republikanischen Partei sorglichst vom Leibe. Nur die Leute waren für das Direktorium da, in deren Augen gute Gehälter die erste Staatsräson sind, dazu die Furchtsamen, die vor Angst überhaupt keine Passionen mehr haben, schließlich die Fabrikanten und Kaufleute, die von einer Regierung Rechtssinn, Aufgeklärtheit und Ehrlichkeit gar nicht verlangen, sondern lediglich - und wäre es unter Willkür, verbunden mit Zuchthaus oder Verschickung - zehn ruhige Jahre, während denen sie sich Reichtum schaffen.

*

Die Oligarchie in Wien war durch die Nachricht von der Schlacht bei Arcole (im November 1796) vor den Kopf geschlagen, da sie unmittelbar so schönen Hoffnungen folgte. Aber die Furcht gab den guten Deutschen eine Tatenlust, wie sie ihnen sonst nicht zu eigen ist. Die größere Mehrheit glaubte, die Franzosen brächten überallhin die Guillotine mit, und der drohende Einmarsch der Revolutionsmänner in Wien erschien den Wienern als grässlichstes aller Übel, sogar den Kleinbürgern, die in der österreichischen Monarchie vom Adel bedrückt sind. So entschloss sich das ganze Volk, einen neuen Kampf zu versuchen, und leistete Unerhörtes. Bis zum 18. April 1797 (Vertrag von Loeben) war die militärische Haltung Österreichs großartig. Ohne die Leidenschaftlichkeit der Franzosen von 1793 und 1794 zu haben, war die Tatenlust der Monarchie ebenso groß wie die der Republik. Wer aber hatte das Verdienst daran? Man weiß es nicht. Gerechte Strafe das für eine Regierung, die Denk- und Pressfreiheit nicht zuließ! Das wenige, was Franz I. drucken ließ, ist Lug und Trug; aber, *carent quia vate sacro,* sind auch schöne Taten ungerühmt geblieben.

Die Wiener Garnison ging in eine Stellung in Tirol; der Kaiser befahl eine neue Aushebung unter den tapferen Ungarn, den unzufriedenen Sklaven des Hauses Habsburg. Die Wiener, die ihren Kaiser Franz zärtlich liebten, stellten viertausend Freiwillige, und später [1809] sah man, wie sich achtzehntausend dieser unmilitärischen Bürger auf ihrem Posten massakrieren ließen. Sie hatten ihrer Kaiserin, als sie ihnen die mit eigenen Händen genähten Fahnen überreichte, Treue bis in den Tod gelobt. Derlei tun die guten Deutschen.

*

Damals verkündeten die Adligen, die Priester, die Emigranten, kurz alles, was unsre Waffen verwünschte, dass Bonaparte an einer geheimnisvollen Krankheit sterben werde. In der Tat vermochte er nur mit Mühe in den Sattel zu steigen. Seine Freunde munkelten, man habe ihm Gift beigebracht. Er selber dachte es, aber da er kein Heilmittel hatte, tat er seine Pflicht weiter, ohne allzu viel an seine Gesundheit zu denken. Seine große Seele erinnerte sich des alten Spruches: *Decet imperatorem stantem mori!* (Der Oberführer muss stehend sterben!)

*

Während des kurzen Feldzugs bis zum Tage von Loeben ging es dem General besser, und die Rast zu Montebello gab ihm die Kräfte zurück. Später war er wieder leidend, und erst seinem Leibarzte Corvisart, einem der ersten Heilkünstler seiner Zeit, dem schlechtesten Höfling und größten Feinde der Heuchelei, gelang es, Napoleons Krankheit zu erkennen und zu heilen.

*

Zu jener Zeit der Erschöpfung [in den Tagen bei Arcole und Rivoli] brachen drei seiner Pferde vor Überanstrengung unter ihm zusammen. Seine hohlen, bleichen Wangen verstärkten den hässlichen Eindruck seiner kleinen Gestalt. Die Emigranten sagten von ihm: Er ist gelb vor Vergnügen! und tranken auf sein baldiges Ende. Nur sein Auge und sein gerader durchdringender Blick verrieten nach wie vor den Helden. Diesen Augen verdankte er sein Heer. Es hatte ihm sein schmächtiges Aussehen von jeher verziehen und liebte ihn darum um so inniger. Man erinnere sich, dass dies Heer nur aus jungen, leicht zur Leidenschaft erregbaren Südländern bestand.

*

Napoleon hatte Angst vor den Jakobinern, denen er nicht nur die Macht entriss, sondern auch die tagtägliche Beschäftigung nahm. Er errichtete eine Polizei, um sie zu überwachen. Wohl hätte er alle ihre Häupter verschicken können, doch hätte die öffentliche Meinung sich über eine solche Maßregel empört, und die Vereinheitlichung, die er anstrebte, wäre auf lange Zeit hinausgeschoben worden. Und selbst, wenn er die Führer verbannt hätte, wäre ihm die Furcht vor der Partei verblieben, denn um eine Verschwörung gegen ihn und sein Leben zu machen, genügten ihrer zwei Dutzend.

Die Jakobiner sind vielleicht die einzigen lebendigen Geschöpfe, die Napoleon überhaupt je gehasst hat. Als er aus Ägypten zurückkam, fand er die wirkliche Macht in den Händen von Siéyès; ich sage: die wirkliche Macht, denn das Direktorium war nur noch vorhanden, weil sich niemand bereit fand, ihm den Todesstoß zu versetzen. Was Siéyès vereint mit Bonaparte tat, hätte er mit jedem andern General vollführen können.

*

Die königstreue Partei war ihm sympathisch. Diese Leute sind die einzigen, die zu dienen verstehen, sagte er einmal zum Grafen Narbonne. Wenn es angängig gewesen wäre, hätte sich Napoleon ausschließlich mit Männern aus dem Faubourg Saint-Germain umgeben.

Seine aus den Royalisten gewählten Vertrauten haben immer Furcht vor dem Kaiser gehegt, wenn sie vor ihm standen, und nie konnten sie begreifen, dass er, der Kaiser, vor irgendwas Furcht haben könne.

*

Der Kaiser ist aus zwei Ursachen zugrunde gegangen.

Erstens: durch die Vorliebe, die er seit seiner Krönung für mittelmäßige Leute hatte,

zweitens: durch die Verquickung seines Berufs als Kaiser mit dem des Obersten Heerführers.

Der ganze Abend, der der Entscheidung vom 18. Oktober 1813 bei Leipzig vorausging, ward durch kaiserliche Geschäfte verbraucht. Napoleon diktierte Befehle für Spanien, statt Vorkehrungen bis ins einzelne für den morgigen Rückzug anzuordnen, der dann aus Mangel daran versagte. Berthier sah wie gewöhnlich nichts voraus und wagte nichts auf eigene Verantwortung anzuordnen.

Bei Leipzig ward eine Armee von hundertfünfzigtausend Mann durch eine Armee von dreihunderttausend Mann niedergeschlagen. Kein Kunststück.

Hätte es der Fürst Schwarzenberg mit dem Generalobersten der Armee in Italien zu tun gehabt, der nichts anders als seine Schlacht im Kopfe hatte, so wäre das französische Heer gerettet worden.

*

Im Jahre 1792, dem größten in Frankreichs Annalen, ward die gesellschaftliche Form gesetzlich geächtet. Alles, was urban war, war dem Volke verdächtig, und nicht mit Unrecht dachte es an eine Gegenrevolution.

Aber Fanatismus und Gesetze zum Schutze der Republik nützen nichts, wenn im Einzelnen oder in der Gesamtheit die Sehnsucht nach den geächteten Gewohnheiten weiterlebt. Beim Sturze des Terrors kehrte der Franzose wie toll zu den Vergnügungen der alten Gesellschaft zurück. Ich weise hin auf den *Ball der Opfer* und auf den Salon Tallien.

*

Napoleon war sich klar, dass er in der Absicht, König zu werden, einen Hof brauchte, um das schwache Franzosenvolk zu verführen, das der Suggestion des Wortes unbedingt verfällt.

Er sah sich in der Hand der militärischen Machthaber. Jederzeit hätte ihn eine Prätorianerverschwörung vom Throne stürzen können. Umgeben von Präfekten hingegen, Hofdamen, Kammerherren, Junkern und Staatsministern, konnte er die Gardegeneräle im Schach halten. Sie waren Franzosen mit angeborener Achtung vor dem Hofe.

Aber der Despot war argwöhnisch. Sein Polizeiminister Fouché musste sogar Spione unter den Marschällen unterhalten. Der Kaiser hatte fünf verschiedene Polizeistäbe, die sich gegenseitig beaufsichtigten. Es gab da: den Polizeiminister, den Oberinspekteur der Gendarmerie, den Polizeipräfekten, den Generaldirektor des Postwesens und die Polizei Seiner Majestät.

*

Ein General meines Umgangskreises will ein Essen zu zwanzig Gedecken geben. Er geht zu Véry vom Palais-Royal.

Véry hört sich seine Wünsche an und sagt sodann: Herr General, Sie wissen sicherlich, dass ich der Polizei von Ihrem Gastmahle Meldung machen muss, damit sie *einen* dabei hat.

Der General ist verblüfft und mehr noch wütend. Abends im Rat beim Kaiser trifft er den Herzog von Otrando [Fouché] und sagt zu ihm: Donnerwetter! Ich kann wohl keine zwanzig Herren zum Abendessen einladen, ohne dass einer von Ihren Leuten dabei ist?

Der Polizeiminister entschuldigt sich, geht aber von der notwendigen Bedingung nicht ab. Der General ist empört. Schließlich meint der Herzog, von einer Idee erleuchtet: Darf ich die Liste Ihrer Gäste sehen?

Der General reicht sie ihm.

Der Minister hat kaum ein Drittel der Namen gelesen, als er das Blatt lächelnd zurückgibt:

Sie brauchen keinen Unbekannten einzuladen. – Die zwanzig Gäste waren alle hohe Persönlichkeiten.

*

Was der Monarch, abgesehen vom Witz der öffentlichen Meinung, am meisten verabscheute, war der Witz der Gesellschaft. *Die Intrigantin* von Etienne war ihm außer dem Spaß. Das war eine Komödie eines Autors, der sich an die Regierung verkauft hatte. Es war eine Satire, angeblich im Milieu Ludwigs XV., in der der Hof verspottet wurde mit seinen Höflingen, Kurtisanen, Hofintrigen. Die Heldin des Stückes inszenierte Heiraten zwischen Altadligen und Größen neuerer Herkunft. Der Kaiser argwöhnte niederträchtige Anspielungen. Die Aufführung ward durch Kabinettsorder verboten, und die Buchausgabe musste in den Schaufenstern der Buchhändler verschwinden.

*

Bei einem geistreichen Volke, in dem es Autoren gibt, die den persönlichen Vorteil dem Vergnügen opfern, Witze zu machen, brachte jeder Monat seine Boshaftigkeiten. Das verstimmte den Kaiser. Zuweilen wagte sich der Mut bis zum Chanson. Dann war er acht Tage lang missmutig und schikanierte seine Polizeichefs. Seinen Kummer vermehrte die eigene Vorliebe, einen amüsanten Hof haben zu wollen.

Besonders fürchtete er die Schelmereien der Damen. Sein Gemüt, das sich diese Furcht nicht zugestand, rächte sich an ihnen in den Tagen seiner höchsten Macht, indem er immer wieder und rücksichtslos eine Weiberverachtung äußerte, die er unterdrückt hätte, wäre sie echt in ihm gewesen.

Vor seiner Machthöhe schrieb er einmal dem Ordonnateur Rey gelegentlich einer Liebelei, der Lucien Napoleon verfallen war: Die Weiber sind dreckige Spazierstöcke; wer sie angreift, verschweinigelt sich.

Mit diesem ungalanten Vergleiche spielte er auf die Fehltritte an, zu denen einen die Frauen verleiten. Sich derart zu äußern, machte ihm grimmigen Spaß.

Wenn er die Frauen wirklich gehasst hat, so war es, weil er in seiner Souveränität das im Grunde Lächerliche verabscheute, das sie dem Manne zugleich mit ihrer Huld anhängen.

Bei einem Souper mit Frau v. Staël, die zu gewinnen ihm leicht gewesen wäre, sagte er überlaut: Ich liebe nur die Frauen, die ihre Kinder aufpäppeln.

*

Mit Hilfe seines Kammerdieners Constant hatte er fast alle Frauen seines Hofes, wie es heißt.

Eine Jungverheiratete sagte am Tage ihrer Vorstellung bei Hofe zu einer Freundin: Großer Gott, was will der Kaiser von mir? Ich habe die Einladung bekommen, mich heute Abend um acht in seinen Privatgemächern einzufinden.

Andern Tags fragten sie die Damen: Haben Sie den Kaiser gesehen?

Sie ward rot und gab keine Antwort.

*

Der Kaiser saß bei solchen Besuchen an einem kleinen Tisch, den Degen nicht abgelegt, und unterzeichnete Schriftstücke. Die Eingeladene trat ein. Ohne sich stören zu lassen, winkte er ihr, sich auf dem Ruhebette niederzulassen.

Nach einer Weile gab er ihr, den Leuchter in der Hand, höchstselbst das Geleit und setzte sich alsdann wieder an seine Schriftstücke, sie verbessernd oder unterzeichnend.

Die Hauptsache einer Zusammenkunft dauerte keine drei Minuten. Oft stand sein Mameluck hinter dem Wandschirm.

*

Sechzehn solcher Stelldicheins erlebte Mademoiselle George. Einmal schenkte ihr Bonaparte ein Päckchen Banknoten; es waren sechsundneunzig Stück.

Er wäre liebenswürdiger gewesen als Ludwig XIV., wenn er sich eine Scheinmätresse hätte zulegen wollen und ihr zur beliebigen Verwendung zwei Präfekturen, zwanzig Hauptmannspatente und zehn Auditorenstellen zur Verfügung gestellt hätte. Was hätte es ihm ausgemacht? Wusste er nicht, dass er auf Vorschlag seiner Minister bisweilen die Günstlinge ihrer Ehefrauen beförderte? Durfte ein Politiker etwas als Schwäche ansehen, was ihm alle Frauen auf seine Seite gebracht hätte? Es hätte dann nicht so viele weiße Tüchlein beim Einzüge der Bourbonen (1815) gegeben.

*

Für die bei Hof eingeführten Damen war es die höchste Gunst, zum *Cercle* der Kaiserin eingeladen zu werden. Anlässlich des Brandes beim Fürsten Schwarzenberg [am 1. Juli 1810][10] wollte der Kaiser einige Damen auszeichnen, die ihre Hochherzigkeit vor der plötzlich mitten in den Ballfreuden aufgetauchten Gefahr bewiesen hatten.

Der *Cercle* begann abends um acht in Saint-Cloud. Außer den Majestäten waren sieben Damen befohlen sowie die Herren v. Ségur, v. Montesquieu und v. Beauharnais. Die sieben Damen in großer Toilette saßen nebeneinander entlang der Wand des nicht geräumigen Salons. Der Kaiser beschäftigte sich an einem kleinen Tische mit Aktenstücken. Nach einer Viertelstunde tiefen Schweigens stand er auf und sagte: Ich bin der Arbeit müde. Costaz soll eintreten. Ich will die Schlosspläne sehen.

Baron Costaz, der aufgeblasenste aller Männer, trat ein, die Bauzeichnungen unterm Arm...

Während der langwierigen Erörterungen mit ihm, wendet sich der Kaiser zwei-, dreimal zur Kaiserin: Aber die Damen sagen ja gar nichts? Worauf man ein paar kaum hörbare Worte über die Vielseitigkeit Seiner Majestät flüstert. Darauf beginnt tiefstes Schweigen von neuem. Drei Viertelstunden verstreichen, da wendet sich der Kaiser abermals um: Aber die Damen da sagen nichts, Verehrteste? Lass doch ein Lotto kommen!

Es wird geschellt und das Lottospiel gebracht. Der Kaiser rechnet weiter. Er lässt sich einen neuen Bogen Papier geben und fängt die Rechnerei

---

[10] Die Fürstin Pauline Schwarzenberg (geboren 1774; Schwägerin des Siegers bei Leipzig) und mehrere österreichische Damen, kamen bei diesem Brande um.

von vorn an. Hin und wieder bricht sein lebhaftes Wesen durch; er verrechnet sich und wird wütend. In solchen heiklen Momenten dämpft der Herr, der die Lottonummern aus dem Beutel zieht und ausruft, sein Flüstern bis zum leisesten Gelispel. Kaum vermögen die Damen, die um ihn sitzen, die Nummern noch zu erraten.

Endlich schlägt es zehn, und die Abendgesellschaft ist zu Ende.

*

Der Kaiser hatte eigentlich Glück. Sein guter Stern führte ihm eine Persönlichkeit zu, die geeignet war, einen Kaiserhof zu dirigieren. Es war der Graf Narbonne.[11] Leider aber kam Napoleon nicht auf den Gedanken, ihm jährlich fünf Millionen und absolute Macht im Reiche der Albernheiten zu geben. Dieser eine charmante Mann hätte ihm den Hof unterhaltsam gemacht. Aber weit davon entfernt, bildete der Kaiser seinen Hof aus den langweiligsten Leuten der Welt. Nichts unterbrach die Eintönigkeit.

Im Grunde ist es nicht erstaunlich, dass Napoleon, dem fröhliche Plauderei fremd war, einen Widerwillen gegen gesellige Naturen hatte, die im Hofleben unentbehrlich sind. Mit einem Worte: er war Napoleon und kein Ludwig XV.

Die Männer seines Hofes waren allesamt Ehrenmänner. Es gab keine Schurkerei in diesem Kreise, den nur der Ehrgeiz zerfraß, aber umsomehr Langeweile, vor der man umkam.

Der Kaiser war immer nur *höherer Mensch*. Sich zu vergnügen, lag ihm nicht. Im Schauspiel ödete er sich entweder, oder er genoss es mit derartiger Passion, dass es ihm zu schwerer Arbeit ward. Als er den Sänger Crescentini als Romeo [von Zingarelli] hörte, schickte er ihm in meiner Verzückung über die Arie:

Ombr' adorata, aspetta mi!

auf der Stelle die *Eiserne Krone* auf die Bühne. Er hatte Tränen in den Augen.

---

[11] Kriegsminister unter Ludwig XVII.; er kam kurz vor dem Russischen Feldzuge an den Hof.

In gleichem Zustande war Napoleon bisweilen, wenn Talma Rollen Corneilles spielte oder wenn er im Ossian las. Bei den Abendgesellschaften der Fürstin Pauline oder der Königin Hortense kam es vor, dass Napoleon einen alten Kontertanz spielen ließ und oft nahe daran war, nach Herzenslust loszutanzen.

Da die Künste während der Revolution und nach der Ausrottung des falschen guten Tons ungeheure Fortschritte gemacht hatten, und da der Kaiser einen ausgezeichneten Geschmack besaß und darauf hielt, dass man die Gehälter und Dotationen nicht in die Sparkasse legte, so waren die Feste in den Tuilerien glänzend. Wie gesagt, es fehlte nur an anregenden Menschen. Frohsinn und Ungezwungenheit sind nicht auf Kommando zu haben. Man war übervoll von Ehrgeiz, von Furcht und Hoffnung um den Erfolg. Unter Ludwig XV. ging die Laufbahn eines jeden, das heißt eines jeden von guter Geburt, von selber den üblichen Gang; es mussten Wunderdinge geschehen, wenn es anders kam.

*

Herrlich in Napoleons Armee waren die Unteroffiziere und die gemeinen Soldaten. Da es sehr viel kostete, wenn man sich bei der Aushebung freikaufte, so kamen die Söhne des Kleinbürgertums alle in den bunten Rock. Es gab keinen Leutnant, der nicht fest geglaubt hätte, dass er, wenn er sich brav schlüge, ohne dass ihn die Kugel traf, es bis zum Marschall von Frankreich bringen könne. Dieser glückliche Glaube währte bis zum Range des Brigadekommandeurs.

*

Eines Tages versammelten sich zu einem Kabinettsrat der General Gassendi, der ehrwürdige General Dejean, der Minister des Innern und mehrere Andre, um den Kaiser zu bitten, einen Artilleriehauptmann, der im Verwaltungsdienst außerordentlich befähigt war, zum Major zu befördern. Der Kriegsminister hatte die Herren daran erinnert, dass Seine Majestät den Namen dieses Offiziers bereits dreimal in den Vorschlagslisten ausgestrichen hatte.

Die Anwesenden vergaßen den dienstlichen Ton, indem sie ihre Bitte wiederholten.

Nein, meine Herren - erklärte der Kaiser -, niemals werde ich Ihnen zugestehen, einen Offizier zu befördern, der in den letzten zehn Jahren keinmal im Feuer war. Leider weiß man, dass ich einen Kriegsminister habe, der mir zuweilen Unterschriften aufnötigt.

Tags darauf setzte der Kaiser seinen Namenszug unter die Order, die den Bureauhelden zum Major ernannte.

*

Napoleons großes Unglück liegt darin, als Kaiser drei der Schwächen Ludwigs XIV. gehabt zu haben. Er liebte geradezu kindisch einen prächtigen Hof; er nahm Dummköpfe zu Ministern, und er glaubte, er könne ihre Eseleien selber wieder gutmachen.

Obendrein: Ludwig XIV. liebte geniale Männer, Napoleon liebte sie nicht. Man hat erlebt, dass er Lucian und Garnot, zwei *hommes superieurs*, weggeschickt hat.

*

Als man dem Kaiser mitteilte, Cretet, der beste Minister des Innern, den er je gehabt, sei tödlicher Krankheit verfallen, da sagte er: Das muss so sein. Ein Mann, den ich zum Minister mache, darf nach vier Jahren nicht mehr pissen können. Er hat die Ehre und seine Familie ewigen Wohlstand.

*

Seine Minister hatten tatsächlich nichts zu lachen. Der ehrenwerte Graf Dejean rechnete eines Tages die Kosten eines Feldzuges nach dem Diktat des Kaisers aus. Die Ziffern und Zahlen benahmen ihm dabei derart den Kopf, dass er aufhören und erklären musste, er könne nicht mehr.

*

Als der Kaiser hinter eine Riesendummheit des Herzogs v. Massa kam, haute er ihm einfach eine rein. Seine Heftigkeit bereuend, schickte er ihm andern Tags sechzigtausend Franken.

Einen der tapfersten Offiziere habe ich sagen hören: Was ist das weiter, wenn einem der Kaiser eine Maulschelle verabreicht, was mehr als das natürliche Zeichen, dass Frankreichs Führer mit einem unzufrieden ist?

Sehr richtig, nur muss man grandios objektiv sein.

*

Frankreich kam vorwärts durch den ungeheuerlichen Wetteifer, den Napoleon allen Schichten des Volkes eingeimpft hatte. Der Ruhm ward zum obersten Gesetze der Franzosen. Der armseligste Apothekerlehrling, der im Hinterraume seiner Butike giftmischte, ward von der Hoffnung getragen, er werde eines Tages nach einer großen Entdeckung die Ehrenlegion bekommen oder den Barons- (Text fehlt im Satzspiegel)

*

In der Tat, wer sich dem Vaterlande irgendwie nützlich gemacht hatte, wurde dekoriert. Unter zehn Ordensträgern war kaum einer wirklich ohne Verdienst.

Heute (1837) ist das Gegenteil die Regel. Wer wissen will, wer die dümmsten und flachsten Köpfe Frankreichs sind, nehme die Liste der in den drei letzten Jahren zu Rittern der Ehrenlegion Ernannten zur Hand.[12]

*

Der Staatsrat war vorzüglich, bis sich der Kaiser einen Hof bildete, also bis 1810. Bei den Sitzungen war Napoleon glänzend. Geistvoller konnte er unmöglich sein. Sein Scharfsinn war wunderbar und grenzenlos, funkelnd vor Witz, immer den Nagel auf den Kopf schlagend, zu jeder Frage neue oder ferne Gesichtspunkte findend, überreich an lebendigen, anschaulichen Bildern, an temperamentvollen, geradezu dolchartig zugespitzten Ausdrücken. Die Mängel seiner Sprache, die allezeit ein wenig ausländisch klang – Napoleon sprach weder Französisch noch Italienisch fehlerfrei –, verstärkten die Eindringlichkeit seiner Rede. Besonders reizvoll war sein Freimut und seine Bonhomie. Eines Tages, als er eine Angelegenheit durchsprach, die er mit dem Papste zu ordnen hatte, sagte er: Sie haben gut reden, meine Herren. Aber wenn mir der Papst sagt: Heute Nacht ist mir der Erzengel Gabriel erschienen und hat mir dies und das offenbart, so bin ich genötigt, Seiner Heiligkeit Glauben zu schenken.

*

---

[12] Stendhal selber ist 1835 Ritter der Ehrenlegion geworden! Er ärgerte sich über seine Genossen.

Das sicherste Mittel für einen Machthaber, den Beifall der Masse zu gewinnen, ist die gründliche Ausrottung jenes Elements der öffentlichen Meinung, das man ehedem als *Jakobinertum* bezeichnete.

*

Die Eifrigsten im Staatsrate Napoleons waren ehemalige Jakobiner und ehemalige Liberale, die ihr besseres Gewissen dem Kaiser für einen Titel und ein Jahresgeld von 25 000 Franken verkauft hatten. Diese zumeist fähigen Leute sanken vor jeder Goldborte in die Kniee.

Überall, wo sich der Kaiser zeigte - und er durchreiste oft sein weites Reich -, war wahres Verdienst, auf das man ihn aufmerksam machte, großer Belohnung sicher. Die Auswahl, die er bei seinen unaufhörlichen Besichtigungen der Armee traf, war unübertrefflich. Er berücksichtigte dabei die öffentliche Meinung und die Vorschläge von Soldaten der Regimenter.

*

Es gab im Staatsrate streitbare Köpfe, die sich erhitzten, zu weit gingen und sich oft trotz schlechter Gründe nicht zufrieden gaben; der Graf Bérenger zum Beispiel. Der Kaiser nahm es ihm nie übel. Im Gegenteil, er sprach oft und gern mit ihm.

*

Nun, Baron, was haben Sie hierzu zu bemerken? fragte er manchmal.

Manche von den weisen Verordnungen im *Code Napoléon* stammen von ihm selber, insbesondere im Abschnitte über die Ehe.

*

Dem Staatsrat verdankt Frankreich seine bewunderswerte Verwaltung. Mögen die französischen Sitten verdorben sein, um diese Verwaltung kann Frankreich von Belgien, Italien und den Rheinländern beneidet werden.

*

Graf Pierre Daru war der redlichste Mann, den man sich denken kann, hervorragend befähigt, einer Armee den Unterhalt zu beschaffen.

*

Die Presse war in der Hand des Kaisers ein Werkzeug, um jeden zu demütigen, der sich seine Ungnade zugezogen hatte. Aber, so heftig und maßlos zornig er war, grausam und nachträglich war er nicht.

*

Zuletzt, kurz vor dem Sturze des Kaiserreichs, war der Staatsrat, der das Zivilrecht und die Verwaltung Frankreichs geschaffen hatte, fast bedeutungslos geworden. Schon sprachen gewisse Kenner der Dinge von seiner Aufhebung.

*

Der Erfolg von dreizehnundeinhalb Jahren hat aus Alexander dem Großen einen Narren gemacht. Eine Gloriole von genau derselben Dauer brachte in Napoleon die nämliche Narrheit hervor. Der einzige Unterschied ist der, dass der Makedonierheld das Glück hatte, rechtzeitig zu sterben. Welchen Ruhm hätte Napoleon hinterlassen, wenn ihn am Abend der Schlacht an der Moskwa eine Kugel getroffen hätte!

*

Der Geist der Armee hatte sich gewandelt. Wild, republikanisch, heldenhaft bei Marengo, war er nach und nach selbstsüchtig und monarchisch geworden. In dem Maße, wie sich die Uniformen verzierten und mit Kreuzen beluden, deckten sie minder heldenmütige Herzen. Generale, die noch mit Begeisterung ins Feld zogen, wurden beseitigt oder schlecht behandelt. Die Ränkeschmiede siegten, und Schuldige unter ihnen wagte der Kaiser nicht zu bestrafen. Oberste, die offenbare Drückeberger waren, bekamen Brigaden oder wurden in der Verwaltung verwendet.

Im Russischen Feldzuge war das Heer eigennützig und stark verdorben, und es fehlte nicht viel, dass man die Oberste Heeresleitung ganz im Stiche ließ. Die Torheiten des Generalstabschefs machten böses Blut; die Anmaßungen der Garde, der alle Vorteile zuteil wurden und die seit langem nicht mehr gekämpft hatte, da sie die Armee-Reserve bildete, entfremdeten dem Kaiser viele Herzen.

Die Tapferkeit war um nichts vermindert. Der Soldat eines eitlen Volkes geht tausendmal in Todesgefahr, um als der tapferste Mann seiner Kompagnie zu gelten; aber er besaß keine Subordination mehr, und es mangelte ihm an Einsicht. Zugleich sanken seine körperlichen Kräfte, und schließlich musste damit sein Mut untergehn.

Ein mir befreundeter Regimentskommandeur hat mir in Russland erzählt, er habe im Laufe der drei letzten Jahre nacheinander 36 000 Mann in seinem Regiment kommen und gehen sehen. Von Jahr zu Jahr sanken Ausbildung, Zucht, Zuverlässigkeit, Kampfwert.

Einige Marschälle wie Davoust und Suchet hielten ihre Korps auf der Höhe; doch die meisten gaben persönlich ein schlechtes Beispiel. Das Heer verlor seine Geschlossenheit.

So kam es, dass es den Kosaken (elenden, schlecht bewaffneten Bauern) beschieden war, dem tapfersten Heere der Erdenrunde überlegen zu werden. Ich habe mit eigenen Augen gesehen, wie zwei Dutzend Kosaken, von denen , der älteste keine zwanzig Jahre alt war, eine Kolonne von fünfhundert Franzosen, darunter fünf Generale, in Wirrwarr und zum Weglaufen brachten. Es war während des Feldzugs in Sachsen 1813.

Gegen die Armee von Marengo hätten die Kosaken nichts ausgerichtet. Da es aber jenes Heer nicht mehr gab, so ward der Herr der Kosaken der Herr der Welt.

Unveröffentlichtes im Nachlasse

1815

Niemand würde einem Kurier, der hundertundfünfzig Kilometer an einem glühend heißen Tag hinter sich hat, aber die letzten fünf Kilometer zum Ziele nicht mehr bewältigen konnte, zurufen: Sie sind langsam wie eine Schildkröte! - Alle Welt hat dies Napoleon zugeschrien. Ist seelische Ermattung weniger als die körperliche? Allerdings, die Masse sieht das Seelische nicht.

Berechnet man die Dekrete, die Napoleon vom 19. Brumaire [vom Tage nach dem 9. November 1799] bis zum 11. April 1814 unterzeichnet hat, so kommt man auf dreißig bis zweiunddreißig am Tag, ohne die Truppenrapporte, deren er täglich zwanzig bis dreißig am Rande signierte. Ein Dekret enthält zehn bis zwölf Abschnitte, ein Rapport fünf bis sechs Seiten. Manches Schriftstück musste ihm viermal vorgelegt werden, ehe er es unterschrieb. Der Betreffende, der diese Ausgänge bloß registrierte, war abends todmüde.

Oberflächlich erledigte er die Schreiberei nur, wenn er bei der Armee war. Zuweilen, trotz Kaffee und Galopp[13], war er erledigt; dann fügte er sich grundsätzlich dem Ruhebedürfnisse.

Wenn er an sich zweifeln, zögern, unselbstständig hätte handeln können, etwa in Dingen der Kriegführung in Spanien oder in Moskau hinsichtlich des rechtzeitigen Abmarsches, so stände das im Widerspruche zu einem unwandelbaren Willen, der auf grenzenlosem Selbstvertrauen beruhte. Warum wollen die Leute nicht verstehen, dass in ein und derselben Flasche nicht Champagner und Landwein zugleich sein kann? Nur das eine oder das andre ist möglich.

*

Talleyrand hat (1814) einmal gesagt: Ein paar Querköpfe wie Dupont de Nemours ausgenommen, wen gibt es in Frankreich, der die Freiheit liebt? Und er hatte recht. Die Freiheit war nur da für zwei- oder dreitausend Theoretiker, Angsthasen, die eiligst die Haustür verrammeln, sowie auf der Gasse jemand Lärm macht, dazu, dreißigtausend oder vierzigtausend Jakobiner, zumeist kleine Leute.

---

[13] Napoleon ritt selten Trab.

*

Man hat immer nur den Grad Freiheit, an den man energisch denkt. Um frei zu sein, muss man den Willen dazu haben. Napoleon Bonaparte war kein wirkliches Hindernis für die Freiheit. Das war die alte monarchische Erziehung. Nach des Kaisers Sturz, wie langsam haben sich da die Franzosen an die Freiheit gewöhnt? Napoleon, der sie zwölf Jahre hindurch glücklich und zufrieden gemacht hatte, war gar nicht abscheulich. Was man ihm am meisten vorwerfen könnte, ist der Umstand, dass er die französische Erziehung nicht reformiert hat.

*

Dass die englische Revolution (1688) anders war als die des Robespierre, das liegt darin, dass der englische Bürger schon vordem etliche kleine positive Rechte besaß. Bei unserm Gesetzwesen und unsrer Bürgerwehr brauchen wir keine Furcht vor Terror zu hegen.

*

Die Art und Weise, wie die unteren Klassen des Volkes zu Beginn der Regierung Ludwigs XVI. erzogen wurden, ist es einzig und allein, dass Leute wie Marat und Collot d'Herbois entstanden sind. Und nur weil die Erziehung in den königlichen Gymnasien von Helvétius und Montesquieu nichts wissen wollte, ist die schönste Seele und der größte Genius der Neuzeit dermaßen missraten, dass ein Kaiser der Franzosen daraus geworden ist.

*

Dem Fürsten von Neuchâtel [dem Marschall Alexandre Berthier], als dem Sohn eines subalternen Beamten [Hofkartografen] am Hofe zu Versailles, abgerichtet, durch seine geografischen Kenntnisse, dem Könige Ludwig XV. zu gefallen, war der Republikaner-Enthusiasmus unverständlich, der die meisten unsrer Generale in ihrer Jugend entflammt hatte. Und das natürliche Gesamtergebnis seiner höfisch gerichteten Erziehung? Er war ein Mann, aller Ehren wert, aber allem, was den Charakter des Edelmuts und der Größe trug, stand er feindselig gegenüber. In der Armee war er am wenigsten fähig, das durch und durch römische Wesen Napoleons zu begreifen. Auch wenn er dem Gewaltherrscher durch seine Hofmanieren gefiel, so verletzte er den großen Mann doch unaufhörlich durch seine Denkweise im Geiste des *Ancien Régime*. Als er

Fürst geworden war, überlegte er sich tagelang, wie er nun seine Briefe zu beschließen habe. Seine Schmeichler machten hierzu Archivstudien; aber keiner ihrer Vorschläge passte ihm. Schließlich entschied er sich dahin, dass er seine Briefe einfach mit *Alexandré* unterzeichnete. Übrigens besaß er alle Tugenden des Privatmannes. Mittelmäßig war er nur als General und Fürst. Sonst ein wenig brüsk, war er in Gesellschaft angenehm.

Napoleon im Bild

Fast alle Napoleon-Bildnisse, die ich gesehen, sind Karikaturen. Viele Maler haben ihm die visionären Augen eines Dichters verliehen. Diese Augen verfehlen die erstaunliche Fähigkeit des Durchschauens, die das Charakteristikum seines Genius war. Seine Augen hatten den Ausdruck eines Menschen, dem eben seine Idee entschwindet oder der eben ein erhabenes Bild gesehen hat. Bonapartes Gesicht war schön, zuweilen überirdisch, wohl weil es voll von Ruhe war. Allein seine Augen hatten blitzschnelle Bewegungen; sie waren außerordentlich lebhaft. Er lächelte oft, lachte nie. Ich habe ihn einmal in Freude gesehen; das war im Moment, da er Crescentinis Arie *Ombr' adorata, aspet- ta ...* gehört hatte. Die am wenigsten schlechten Porträte sind die von Robert Lefèbre und von Chaudet. Unähnlich gibt David ihn wieder

www.ingramcontent.com/pod-product-compliance
Lightning Source LLC
Chambersburg PA
CBHW060800310726
48980CB00002B/168

* 9 7 8 3 8 4 6 0 8 0 5 1 1 *